spot

CLIMA EXTREMO

LOS INCENDIOS FORESTALES

por Anastasia Suen

AMICUS | AMICUS INK

chispas

árboles

Busca estas palabras e imágenes mientras lees.

helicóptero

bomberos

Una fogata es divertida.
Un incendio forestal no lo es.

La mayoría de los incendios forestales son iniciados por personas. Un pequeño fuego puede agrandarse rápidamente.

chispas

¿Ves las chispas calientes?
El viento las sopla.
Vuelan lejos y arden.

árboles

¿Ves los árboles? El fuego quema las ramas. Las llamas se mueven a otros árboles.

305

helicóptero

¿Ves el helicóptero?
Derrama agua. Evita que
el fuego se propague.

bomberos

¿Ves a los bomberos? Cavan una línea de control de fuego. Intentan contener el incendio.

Después de cinco días, este incendio se apaga. ¡Buen trabajo, bomberos!

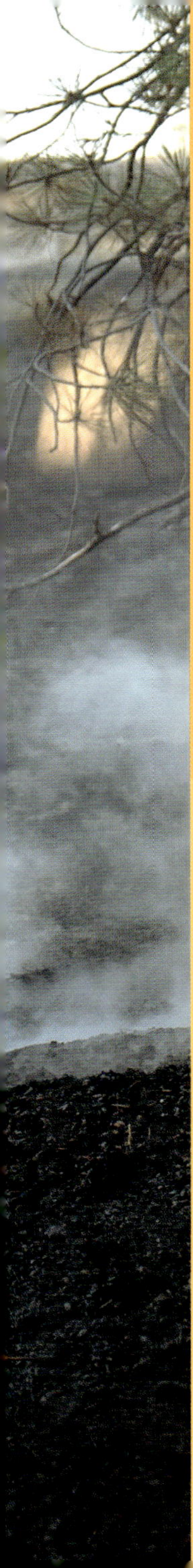

chispas

árboles

¿Lo encontraste?

helicóptero

bomberos

Spot es una publicación de Amicus y Amicus Ink
P.O. Box 1329, Mankato, MN 56002
www.amicuspublishing.us

Library of Congress Cataloging-in-Publication Data
Names: Suen, Anastasia, author.
Title: Los incendios forestales / Anastasia Suen.
Other titles: Wildfires. Spanish
Description: Mankato : Amicus, [2021] | Series: Spot clima extremo | Audience: Ages 4-7 | Audience: Grades K-1
Identifiers: LCCN 2019050235 (print) | LCCN 2019050236 (ebook) | ISBN 9781645491996 (library binding) | ISBN 9781681527284 (paperback) | ISBN 9781645492252 (pdf)
Subjects: LCSH: Wildfires—Juvenile literature.
Classification: LCC SD421.23 .S8418 2021 (print) | LCC SD421.23 (ebook) | DDC 634.9/618–dc23
LC record available at https://lccn.loc.gov/2019050235
LC ebook record available at https://lccn.loc.gov/2019050236

Impreso en los Estados Unidos de America

HC 10 9 8 7 6 5 4 3 2 1
PB 10 9 8 7 6 5 4 3 2 1

Alissa Thielges, editora
Deb Miner, diseñadora de la serie
Ciara Beitlich, diseñadora de libro
Aubrey Harper, investigación fotográfica

Créditos de las imágenes: Shutterstock/Alin Brotea cover, 8–9, 16; Dreamstime/Elantsev 1; iStock/buzzanimation 3; Shutterstock/wassiliy-architect 4–5; Shutterstock/xpixel 6–7; iStock/sswartz 10–11; Alamy/AB Forces News Collection 12–13; Alamy/USFS Photo 14–15

SPOT CLIMA EXTREMO

HAYA AÚN MÁS TEMAS DE SPOT EN

amicuspublishing.us

spot

ISBN: 978-1-68152-728-4 U.S. $7.99

50799

9 781681 527284

amicus ink

spot

LOS TERREMOTOS